BEI GRIN MACHT SICH IHR WISSEN BEZAHLT

- Wir veröffentlichen Ihre Hausarbeit, Bachelor- und Masterarbeit

- Ihr eigenes eBook und Buch - weltweit in allen wichtigen Shops

- Verdienen Sie an jedem Verkauf

Jetzt bei www.GRIN.com hochladen und kostenlos publizieren

Michael Wekerle

Die 3 Konflikt-Regler

Handlungsspielraum in Konfliktsituationen entdecken

GRIN Verlag

Bibliografische Information der Deutschen Nationalbibliothek:

Die Deutsche Bibliothek verzeichnet diese Publikation in der Deutschen National-
bibliografie; detaillierte bibliografische Daten sind im Internet über http://dnb.d-
nb.de/ abrufbar.

Dieses Werk sowie alle darin enthaltenen einzelnen Beiträge und Abbildungen
sind urheberrechtlich geschützt. Jede Verwertung, die nicht ausdrücklich vom
Urheberrechtsschutz zugelassen ist, bedarf der vorherigen Zustimmung des Verla-
ges. Das gilt insbesondere für Vervielfältigungen, Bearbeitungen, Übersetzungen,
Mikroverfilmungen, Auswertungen durch Datenbanken und für die Einspeicherung
und Verarbeitung in elektronische Systeme. Alle Rechte, auch die des auszugsweisen
Nachdrucks, der fotomechanischen Wiedergabe (einschließlich Mikrokopie) sowie
der Auswertung durch Datenbanken oder ähnliche Einrichtungen, vorbehalten.

Impressum:

Copyright © 2008 GRIN Verlag GmbH
Druck und Bindung: Books on Demand GmbH, Norderstedt Germany
ISBN: 978-3-638-95548-5

Dieses Buch bei GRIN:

http://www.grin.com/de/e-book/94162/die-3-konflikt-regler

GRIN - Your knowledge has value

Der GRIN Verlag publiziert seit 1998 wissenschaftliche Arbeiten von Studenten, Hochschullehrern und anderen Akademikern als eBook und gedrucktes Buch. Die Verlagswebsite www.grin.com ist die ideale Plattform zur Veröffentlichung von Hausarbeiten, Abschlussarbeiten, wissenschaftlichen Aufsätzen, Dissertationen und Fachbüchern.

Besuchen Sie uns im Internet:

http://www.grin.com/

http://www.facebook.com/grincom

http://www.twitter.com/grin_com

Die 3 Konflikt-Regler

Handlungsspielraum in Konfliktsituationen entdecken

Michael Wekerle

Vorwort

Das hier ausgeführte Konflikt-Modell ist aus der Praxis entstanden: Jahrelang hat es in vielen Seminaren dazu gedient, konkrete Konfliktsituationen aus dem jeweiligen Lebens- und Arbeitskontext zu bearbeiten. Sowohl Konfliktanalyse als auch Konfliktlösungswege wurden durch dieses Modell benennbar.

Auch wenn das Modell wie gesagt aus der Praxis kommt, versteht es sich ausdrücklich als Link zwischen Praxis und wissenschaftlicher Theorie, deren Inhalt die bildhafte Sprache des Modell vermitteln will.

Wien, im Juni 2008

Über den Autor

Mag. Dr. Michael Wekerle ist tätig als Vollzeitlektor am Institut „Sozialkompetenz und Managementmethoden" an der Fachhochschule Technikum-Wien. Managementerfahrung aus der Automobilbranche und zwei Jahrzehnte persönlichkeitsbildende Seminare sind der Hintergrund seiner praxisorientierten Führungsseminare.

Inhaltsverzeichnis

Einführung

„Konflikte gehören zum Leben", darin sind sich die meisten einig. Die Praxis **Konflikt-**
zeigt jedoch einen Umgang mit Konflikten, als ob Konflikte eben nicht **vermeidung**
dazugehören dürfen: wo es Konflikte gibt, ist „aus dem Weg gehen", „auf die
lange Bank schieben" oder „wegschauen, ignorieren" durchaus üblich – und
es sprechen angeblich gute Gründe dafür, Konflikte zu **vermeiden**: „weil man
nicht genau weiß, wie die Sache ausgeht", „weil es eh nichts bringt" oder
einfach „weil Konflikte unangenehm sind".

Oft wird Konflikten ausgewichen, weil es das Grundgefühl gibt „da ist nichts
zu machen" oder (als Variation) „es ist ja doch immer dasselbe". Diesem
Gefühl der Hilflosigkeit liegt zugrunde, dass wir gerade in Konfliktsituationen
mit unseren Grenzen konfrontiert werden: Wir haben begrenzte
Möglichkeiten in den hierarchischen Systemen der Berufswelt, ebenso in den
eingespielten Mustern der familiären Kommunikation – der
Handlungsspielraum ist eingeschränkt, wir können Konfliktsituationen nicht
leicht **verändern**.

Hier setzt das Konfliktlösungsmodell der „3 Konflikt-Regler" an. Es zeigt, **Handlungs-**
wie es möglich ist, **Handlungsspielraum zu entdecken**: Im Grunde sind es **spielraum**
drei Faktoren, die wir in Konfliktsituationen beeinflussen können: 1. **entdecken**
„Respekt" (vor anderen Sichtweisen), 2. „Richtung" (des Konfliktes) und 3.
„Raum" (für den Konflikt). In diesem Konfliktlösungsmodell werden sie mit
drei „Reglern" verglichen, mit denen wir Konfliktpotential sozusagen
regulieren können.

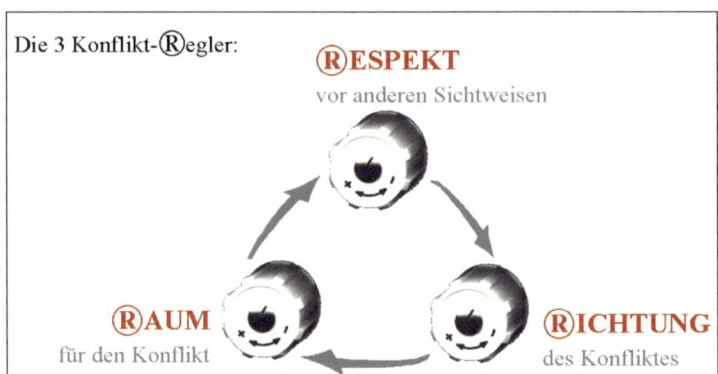

Die 3 Konflikt-Ⓡegler:

ⓇESPEKT
vor anderen Sichtweisen

ⓇAUM
für den Konflikt

ⓇICHTUNG
des Konfliktes

Regulieren bedeutet hier: Man kann mit verschiedenen **Einstellungen** (auch **Viele**
im übertragenen Sinn) in Konfliktsituationen agieren. Man kann zum einen **Einstellungen**
auf „Volldampf" schalten, also zum Beispiel den Konfliktpartner anbrüllen **möglich**
„Was glaubst du eigentlich! Das ist doch nicht dein Ernst, was du da
vorschlägst!", oder zum andern „ganz zumachen, abdrehen": „Jaja, wenn sie
es sagen. Sie werden es wissen, sie werden schon recht haben."

Regulieren heißt aber auch, dass immer **mehr** möglich ist, als nur die
Extrempositionen „mit Volldampf" rein in den Konflikt oder „nur ja kein

Konflikt". Regulieren bedeutet eben, dass es noch viele Möglichkeiten, Einstellungen dazwischen gibt, mit denen wir in Konfliktsituationen auftreten können. Die **Grundfrage**, um Handlungsspielraum in Konfliktsituationen zu erweitern lautet:

? *Mit welcher „Einstellung" gehe ich an den Konflikt heran?*

Im Folgenden geht es um *key questions* zu jedem einzelnen Schlüsselfaktor (d.h. „Regler"), die es ermöglichen, Konfliktsituationen lösungsorientiert zu verändern.

Der erste Regler „Respekt" meint nicht nur den allgemeinen Respekt vor den Mitmenschen, sondern konkret den Respekt vor anderen Sichtweisen.[1]

1. Regler „Respekt"

? *Respektiere ich, dass man Dinge **verschieden** sehen kann?*

Die Frage beim Konfliktregler „Respekt" ist also, ob ich akzeptiere, dass es die andere Sichtweise überhaupt gibt (d.h. geben darf!), egal ob sie meiner Ansicht nach „richtig" ist.

Die Einstellungen bei diesem Regler können sehr verschieden sein. Da ist auf der einen Seite die Einstellung „Respekt auf Null" (nur die eigene Sichtweise zählt). Das klingt durch in den sicher bekannten Aussagen „Na also das gibt's doch gar nicht! Das darf's doch einfach nicht geben! Da gibt es keine Diskussion!". Am anderen Ende der Reglerskala gibt es die Einstellung „Respekt auf 100" (also nur die Sichtweise der anderen im Blick). Das klingt zum Beispiel durch in der Aussage „Wie sie meinen, ich richte mich ganz nach ihnen". **Beide Extrempositionen** sind unangenehm und bieten wenig Kommunikationsbasis.

Die Frage ist nämlich nicht primär, wer rechthat. Es ist eben nicht so, wie unsere westliche Logik vorgibt, dass von zwei einander widersprechenden Aussagen mindestens eine falsch ist. Oder wie jemand einmal sagte: „Kein Streit würde lange dauern, wenn das Recht oder das Unrecht nicht auf beiden Seiten wäre." Dabei gibt es gar nicht nur die Positionen der beiden Konfliktparteien – es gibt noch viele **weitere** Ansichten, Positionen zum gegebenen Konfliktthema! **Fragen**, die man sich in Konfliktsituationen zum „Regler" Respekt stellen kann, sind daher:

Fragen zum Respekt-Regler

? *Akzeptiere ich, dass es die andere Sichtweise überhaupt gibt (geben darf) - egal ob sie meiner Ansicht nach „richtig" ist?*

Kann ich mich verabschieden von der Logik "Ich habe recht, daher muss der andere unrecht haben"?

Welche weiteren Möglichkeiten gibt es noch?

Wie sieht das aus der Perspektive gänzlich Unbeteiligter aus?

Beim zweiten Regler geht es um die Richtung des Konfliktes:

2. Regler

---

[1] vlg. dazu z.B. das Landkartenmodell bei R. Braun

? *Was ist meine Richtung in diesem Konflikt? Wo gelangen wir hin, wenn wir so weitermachen?*[2]

Hier geht es darum, nicht wegzusehen, sondern genau hinzusehen:

? *Worum geht es **eigentlich** in diesem Konflikt?*

An der Oberfläche geht es um irgendeine Sache, die man verschieden sehen kann (siehe Regler „Respekt"!) – aber dann geht es auch noch um vieles andere: Macht, Rechthabenwollen, Anerkennung, Prinzipien, Kräftemessen, Kontrolle ... und noch einiges mehr! Der entscheidende Schritt ist hier, das **wahr**haben zu wollen – denn es geht einfach immer um mehr als die Sache, um die es geht! Und wenn man sich das eingesteht, dass es wieder einmal um mehr als nur die Sache geht, dann sind weitere Fragen angebracht, um Handlungsspielräume zu eröffnen:

? *Was wollen wir? Wo **wollen** wir hin?*

*Wo will **ich** hin? Was will ich **eigentlich?**"*

Selbstverständlich werden sich nicht alle Wünsche erfüllen lassen – aber **Bedürfnisse** sollten unbedingt beachtet werden. Wenn nämlich die Einstellung des Reglers „Richtung" ist „ich will gewinnen um jeden Preis", dann vergisst man dabei, dass Gewinnen zwar schön ist, aber Verlierer sich in der einen oder anderen Form revanchieren oder „einfach auch mal gewinnen wollen".

Deshalb ist ein Blick auch auf die Bedürfnisse und Gefühle des **Konfliktpartners** notwendig, wenn es um die **eigenen** Handlungsspielräume geht![3] Wenn nämlich Bedürfnisse des Gegenübers verletzt werden, verringert sich der eigene Handlungsspielraum - denn eine Konfliktlösung, die dauerhaft ist, baut auf einem gewissen Maß von Zufriedenheit beider Konfliktpartner. **Win-win** ist also eine gute Einstellung des „Richtung"-Reglers. Die Einstellung „lose-lose" hingegen („du sollst verlieren und wenn ich selbst dabei draufgehe") eine fatale.

Weitere Fragen zum „Richtung"-Regler können also sein:

Fragen zum Richtung-Regler

? *Was will mein Gegenüber?*

Was braucht mein Gegenüber, um einigermaßen zufrieden zu sein?

*Wie können wir **beide** „gewinnen"?*

Was sind die notwendigen Schritte, damit beide zufrieden aus dem Konflikt hervorgehen?

---

[2] vgl. dazu E. Bernes Buch „Spiele der Erwachsenen"
[3] vlg. dazu das Teufelskreismodell F. Schulz von Thuns

Wenn man sich so den Fragen zu den Faktoren „Respekt" und „Richtung" **3. Regler**
gestellt hat, dann taucht oft die Bemerkung auf „ja, aber was mache ich, wenn **„Raum"**
mein Gegenüber den Konflikt nicht lösen will?!" Das führt zum 3. Regler
„Raum für den Konflikt"[4]. Hier kann man sich fragen:

> **?** *Hat der Konflikt überhaupt Platz bei uns, oder heißt es einfach „kein*
> *Platz für Konflikte"?*

Da hört man zum Beispiel in einer Konfrontation: „Was heißt, wir haben
einen Konflikt? Wo ist da ein Konflikt? Ich habe keinen Konflikt!" Hier
drückt jemand aus, dass er dem Konflikt keinen Raum geben will, auch wenn
sein Gegenüber gerade versucht, den Konflikt anzusprechen. Da will man
dann gern Druck machen und auch so genannte „Ausreden" oder
„Ausflüchte" des Konfliktpartners nicht gelten lassen: „Es muss jetzt und hier
sein, dass wir den Konflikt lösen!"

Doch Vorsicht, der 1. Regler („Respekt") scheint jetzt wieder mal auf „100%
meine eigene Sichtweise" zu stehen – denn auch die Bereitschaft auf den
Konflikt einzugehen oder ihn überhaupt wahrzunehmen kann man
verschieden sehen: was dem einen als notwendig erscheint, ist dem andern im
Moment weitaus zuviel. Deutlich wird das zum Beispiel im Privatbereich, wo
ein Konfliktpartner (sie?) meint „Wenn wir nicht reden, geht unsere
Beziehung kaputt" und das Gegenüber (er?) denkt „Wenn wir streiten, geht
unsere Beziehung kaputt". Wo der eine also Angst vor der momentanen
Konfrontation hat, hat der andere Angst davor, dass zuviel Zeit bis zur
Konfliktlösung vergehen könnte. Das gilt es zu respektieren - siehe Regler
„Respekt". Die Erfahrung zeigt nämlich, dass es völlig kontraproduktiv ist,
Druck zu machen nach dem Motto „Wir **müssen** jetzt aber darüber reden"
oder „Das müssen wir **jetzt** lösen" – denn wo auf der einen Seite Druck
gemacht wird, erhöht sich auf der anderen Seite der Widerstand.

Es kann also nicht nur „jetzt" oder „nie" sein, auch der Regler „Raum" kann
stufenlos eingestellt werden, zum Beispiel mit folgenden Fragen:

Fragen zum
Raum-Regler

> **?** *Wie viel Zeit gebe ich dem Konflikt bis er gelöst ist?*
>
> *Wo hat der Konflikt seinen **passender** Platz (Ort, Zeit...)?*
>
> *Was kann ich tun, damit der Konflikt **seinen** Platz bekommt?*

Das Modell der 3 Konflikt-Regler ist nützlich, um zu erkennen, **was** konkret **3 Grundsätze**
möglich ist, um Handlungsspielraum in Konfliktsituationen zu erweitern. Um
diese ungenutzten Möglichkeiten zu entdecken, sind 3 Grundsätze zu
beachten:

 1. Von „Automatik" auf „manuell" umschalten.

Das heißt, es ist notwendig, in Konfliktsituationen nicht wie ferngesteuert zu
agieren, sondern aus alten Mustern auszusteigen, einmal anders als „so wie
immer", eben bewusst zu agieren.

---

[4] vgl. dazu G. Schwarz, Konfliktmanagement

! **2. Es kann stufenlos geregelt werden!**

Es gibt nicht nur „alles oder nichts"[5] beziehungsweise „entweder ich oder du", die Regler können nicht nur auf „Volldampf" oder „Aus und zu" stehen – es gilt mit den vielen Einstellungen (im übertragenen Sinn) zu spielen und neue auszuprobieren! Die Versuchung dabei ist allerdings, die Einstellung des Gegenübers verändern, an den Reglern des andern drehen zu wollen. Daher:

! **3. Nimm die eigenen Regler in die Hand!**

Die Lösung von Konflikten kommt nicht aus der Frage "Wie kann ich den andern ändern?", sondern „Was kann **ich** verändern?". Welche Möglichkeiten habe ich also - die eigenen Regler in die Hand nehmen! Die anderen lassen es nämlich nur ganz selten zu, dass jemand an ihren „Rädchen" herumdrehen will.

Mit den **3 Reglern** werden 3 Schlüsselfaktoren benennbar, die es möglich **3 Regler +** machen Handlungsspielraum in Konfliktsituationen zu erweitern. Und die **3 Grundsätze=** zum Schluss genannten **3 Grundsätze** sind bei den Fragen zu den einzelnen **Konfliktlösung** Reglern zu beachten, um **Lösung** zu bewirken.

---

[5] vlg. dazu das Wertequadrat F. Schulz von Thuns

Weiterführende Literatur

E. Berne, Spiele der Erwachsenen. Psychologie der menschlichen Beziehungen, Rowohlt, 1994, 32-39 (Transaktionsanalyse)

R. Braun, NLP - Eine Einführung, Überreuter, 3. Auflage, 2007, 34-38 (Landkartenmodell)

F. Schulz von Thun, Miteinander reden 2, rororo, 1992, 38-56 (Wertequadrat)

F. Schulz von Thun, Miteinander reden: Kommunikationspsychologie für Führungskräfte, rororo, 2003, 41-44 (Teufelskreismodell)

G. Schwarz, Konfliktmanagement. Konflikte erkennen, analysieren, lösen, Gabler, 7. Auflage, 2005, 277-314 (6 Grundmuster der Konfliktlösung